Immer mit der Bärenruhe

Illustrationen von Günther Jakobs
Text von Julia Fuchshuber

GROH

Die fleißige Biene ...

… ist immer beschäftigt …

... fühlt sich für alles verantwortlich ...

... würde am liebsten
alles gleichzeitig machen ...

… kann schwer „nein“ sagen …

... nimmt die Dinge viel zu genau ...

... hat öfters das Gefühl,
nicht genug getan zu haben ...

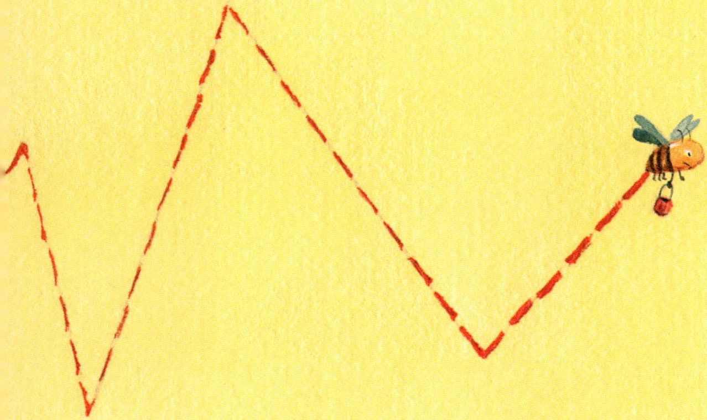

... ist total hektisch ...

… und unausgeschlafen …

... denkt an alle anderen,
bloß nicht an sich selbst ...

... und manchmal wird ihr
einfach alles zu viel.

Herr Bär …

… lässt sich Zeit …

... überlegt sich gut, was er tut ...

… kann sich völlig in eine Sache vertiefen …

HONIG
HONIG

... macht eins nach
dem anderen und
das Wichtigste zuerst ...

… lässt sich aber auch
hin und wieder ablenken …

... kennt seine Grenzen
und kann verzichten ...

… nimmt sich genau das, was er braucht …

... legt öfters mal eine Pause ein ...

… und genießt das Leben.

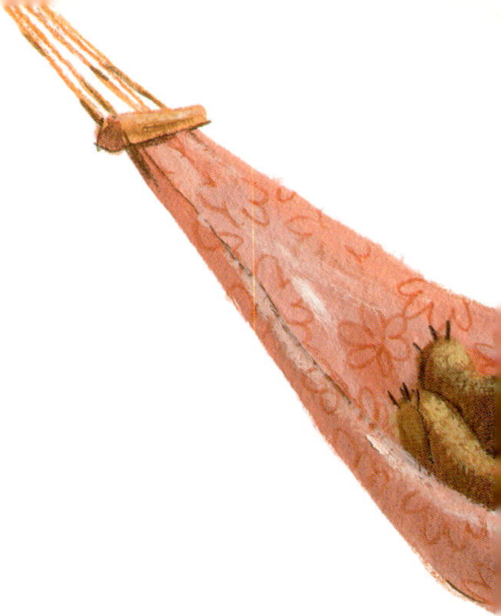

Immer mit der Bärenruhe!

In der Ruhe
liegt schließlich die Kraft …

Bärenweisheiten

In dieser Reihe sind bisher erschienen:

Das Leben ist wunderbär
ISBN 978-3-89008-535-7

Liebe ist wunderbär
ISBN 978-3-89008-913-3

Kopf hoch, alles wird gut!
ISBN 978-3-89008-648-4

Immer mit der Bärenruhe
ISBN 978-3-89008-559-3

Illustrationen von Günther Jakobs
Text von Julia Fuchshuber

ISBN 978-3-89008-559-3

www.groh.de

077002-4253-01

Ein Lächeln schenken

Geschenke sollen ein Lächeln auf Gesichter zaubern und die Welt für einen Moment zum Stehen bringen. Für diesen Augenblick entwickeln wir mit viel Liebe immer neue GROH-Geschenke, die berühren.

In ihrer großen Themenvielfalt und der besonderen Verbindung von Sprache und Bild bewahren sie etwas sehr Persönliches.

Den Menschen Freude zu bereiten und ein Lächeln zu schenken, das ist unser Ziel seit 1928.

Ihr

Joachim Groh

GROH